その怪文書を読みましたか

はじめに

私がその展覧会を見かけたのは全くの偶然でした。今となっては、どうやって会場にたどり着いたのかも定かではありません。都会の繁華街の中心にある建物の、ガラス一面に貼り付けられた意味不明な内容が書かれた無数の貼り紙。

会場の中に入ると、そこにも多くの貼り紙が展示されていました。展覧会の名前は「その怪文書を読みましたか」。ホラー作家の梨氏が収集した「怪文書」に、作家本人の解説が添えられており、ひとつひとつ展示を見ていくことで、その「怪文書」がなぜ書かれたのか、どういった経緯で私たちの目に付くところに掲示されたのかを計り知ることができるという仕組みになっていました。

すべての展示を観終わり、家路につく途中、私は「このことを誰かに伝えなくてはいけない」という衝動と、「決して誰にも言ってはならない」という相反するふたつの感情に苛まれ、その時は後者を選択したのです。

20■■年■月、私のもとにとある荷物が送られてきました。

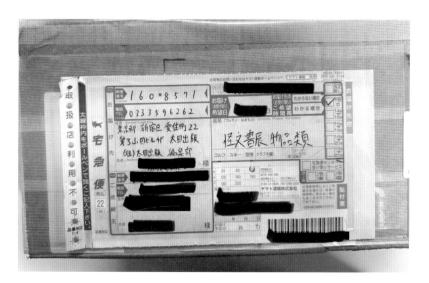

私は再び選択を迫られ、本書を刊行することを決意いたしました。

株式会社太田出版 書籍編集部 ■■■■

展覧会で掲示された『ごあいさつ』

現代社会は、スマートフォンやSNSの普及によって情報があふれています。その情報の中には、あなたがまだ知らない物語が潜んでいるかもしれません。そこで私たちは日常と非日常の狭間にある「怪文書」にスポットライトを当てることにしました。本書に収録された怪文書から、あなた自身が物語を読み解いていただければ幸いです。この体験が、日常で見落としていた情報に新たな価値を見出すきっかけになるかもしれません。

今回、梨氏にはご自身のコレクションである「怪文書」を多数ご用意いただきました。また考察型展覧会「その怪文書を読みましたか」の実現にあたり、多大なるご協力を頂いた関係者の皆様に*感謝*を捧げます。

株式会社闇

「怪文書」の歴史は、定義によっては戦前にまでさかのぼります。例えば根も葉もない政治的なデマを流すビラや不幸の手紙、路地裏の落書き。それらは得てして恐怖の対象となり、時には好奇の目に晒されながら、つねに私たちの生活の暗部に在り続けました。いわば、一種の書承（書き言葉によって受け継がれる）説話といえるでしょう。しかし、私を含めたネット上の好事家たちはしばしば、それら「怪文書」をただいたずらに怖がるだけのものとして消費してきました。

本当にそれでいいのでしょうか。

この展示では、さまざまな年代・場所から蒐集した「怪文書」を展示 物として公開しています。それらが指し示すものを見つめ直す一つのきっかけとなれば何よりです。

怪文書選者 梨

考察型展覧会「その怪文書を読みましたか」とは

考察型展覧会「その怪文書を読みましたか」は、不確かなネット上の情報を「怪文書」に見立て、あら
ゆる情報から考察を楽しむ展覧会です。会場内には100枚以上の怪文書が解説付きで展示され、そ
の言葉の意味について深く考察することで、参加者それぞれの考える物語が出来上がります。

誰が、どこで、なぜ、この怪文書を書いたのか。

徐々に浮かび上がる背景を考える本企画を通して、情報社会を生き抜くための洞察力、考察力が問
われるような体験をぜひお楽しみください。

「怪文書」とは

怪文書(かいぶんしょ)

意味不明な主張をしている文章のこと。

内容は誹謗中傷や被害妄想、非現実的なものが多い。

ほとんどが根拠不明で誤った情報を元にしている。

本当にそうなのでしょうか？

確かに、ここに並べられた怪文書は一見すると不可解なものかもしれません。

しかし、怪文書を読み解き、考察していくことで、真意が理解出来てくるはずです。

目次

ホラー作家・梨

怪文書コレクション

この章は、メインとなる怪文書18枚と、その他の怪文書で構成されています

521 名前：心優しい名無しさん 2002/11/12(水) 23:51:30.01

私の頭の中で命令していたものが
私の家の中を監視している
私の頭の中で命令していたものと私の家の中を
監視しているものとは同じなのか、
私の頭の中で命令していたもの(例えば声)と
私の家の中を監視しているもの(例えば影)とは
違うのかが分からず、
なのに私の家の中を監視しているものの
似姿がどんどんと鮮明になっていく感じがする

1

2000年代前半、
2ch メンタルヘルス板に
書き込まれた怪文書

2000年代初頭にネットスラング的に使われ始めた

「メンヘラ/メンヘラ―」という言葉が今のような用法で使われていなかった時代。

概ね2000年代初頭の2chメンヘル板に常駐していた方から提供された、

匿名掲示板の書き込みとしての「怪文書」です。

当時は「消えたとて浮かぶもの」(2002年初出)に代表される、

一見して意味の取りづらい文章が多くのスレに貼り付けられていたため、

この文章も出た当時は「コピペ狙い」として受け流されていました。

ただ、当時において(今もですが)「画像が添付された怪文書」の類例はあまり無かったため、

今回の展示物として採用しました。

なお一説には、この文章が貼りつけられた当時にこの画像は添付されておらず、

後になってこの画像が「付け足された」のだという話もあります。

(画像の拡張子や画質が当時と合わない、などが主な根拠)

ちなみに画像は、投稿主あるいは無関係の第三者が、

文中の「家の中を監視しているものの似姿」を再現したものである、というのが通説です。

「謎の姿」のサインに気付いたら…

「自分は被害者なのに、誰も分かってくれない」
そんな風に思っていませんか？

例えば、こんな状態

- ☑ 頭の中に誰かからの攻撃を受けている
- ☑ 自分を尾け回す誰かがいる
- ☑ 家に見知らぬものが届いたり、貼られたりする
- ☑ 夜毎に自分を監視する誰かがいる
- ☑ 以上の内容を誰に話しても真面目に取り合ってもらえない

我々はあなたの味方です
早急に対処することによって、
悩みから解放される日が来ます
あなたに向けられたサインに気付いたら、
迷わず相談窓口にご一報ください

相談窓口はコチラ→

嫌いな上司に嫌がらせしてみよう！
物理的な嫌がらせ、遠距離でする方法なんでも教えます
まずは簡単なことから始めてみよう（練習も可）

やろう！決起！負けるな！決起！

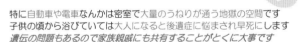

赤や緑のシグナルは紫外線や排気ガスと同じものです

毎日浴びていては薬物と同じように依存や禁断症状も出てきます
できる限りで構いませんが、自分の身は自分で守りましょう
（例：ウェットティッシュを乾かして丸めて耳の中に入れる）

特に自動車や電車なんかは密室で大量のうねりが通う地獄の空間です
子供の頃から浴びていては大人になると後遺症に悩まされ早死にします
遺伝の問題もあるので家族親戚にも共有することがとくに大事です

国はずっとひた隠しにしていますが有名な学士も問題視しており
今後日本の社会問題に発展するのはもはや時間の問題だということです

これはご冗談ではありません
早く手を打たなければ大変なことになります
でも大丈夫、この真実に気づけたひとから助かることができます
ここまで読んでくれたあなたはもうわかっているはずどうかご安心を

闇の中で、聞こえるのは、その息遣い。
振り向けば、そこには、笑顔が浮かんでいる。
眠れぬ夜、壁に映る、影のようなもの。
それは、誰だろう？
古い屋敷で、何かが、足音を立てる。
まるで、自分を追っているような。

誰か助けてください。

雨の日、きみの花柄の傘を
　見つけると胸が踊ります。

ハハハ、面白い　面白い

渋谷は危険だ。
今歩いている地面のすぐ下、あなたが
飲んでいる水、食べたハンバーガー、流した
トイレは彼らによって処理されている。
彼らは次の対象をもう探している。
私は逃げ切ることができなかった。
友人はなんとか逃げ切ったがすぐに
見つかってしまった。やつらはどんなに
抵抗しても追いかけてくる。足"音"
はもうすぐそばまできている

こまいわあらゆる人人にたいする
注意喚起です
世界は今も我々へ与えられうる
攻撃を、仕かけてき
て居るのです皆皆知らなければ
ならない
彼らは或る精霊の使者で、
毎日タタくに郵便手紙を投書したり
後を尾けわましたるています、
みんな妄想であると云いますが、
ちがっていて確実にそこにいるもの

 自動販売機付近に
貼り付けられていた
怪文書

こちらは、比較的オーソドックスな貼り紙です。
世界が自分に対する攻撃を仕掛けてきているため、
それを周知するために貼り紙という形で発表する。
ちなみにこの貼り紙は、今でいう███████付近に設置されていた
自動販売機で発見されたらしく、当時を知る近隣住民が言うには、
当時は様々な場所でこういった貼り紙形式の文章を見かけたそうです。

先生、今までありがとうございました。

先生のおかげで生きる喜びを知ることができました。

この間先生が言ってくれた言葉、

身体に刻み込んでおきました。

少し血が出てしまいましたが別に大丈夫です。

先生のことを思う気持ちに比べたら

この傷は少しも痛くはないのです。

先生の子供何歳になりましたか？

授業参観っていつでしたっけ？

駅のそばの小学校に通っていると

ともニ先生が教えてくれました。

感謝しなければいけません。

ありがとう、ありがとう。

先生ありがとう。

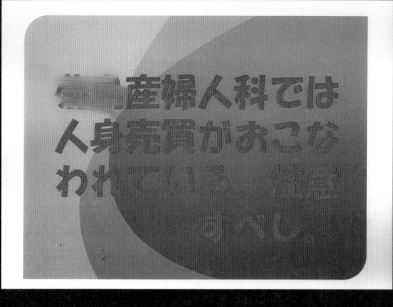

あなたは今、監視されています。

あなたのすべての行動が観察され、記録されています。あなたがど こにいるか、誰と話しているか、何をしているかを知ることができる人がいます。あなたは自由ではありません。あなたは捕らわれているのです。

人はありのまま見ることができないでしょう。肉眼でできることは限られています。
ほら、今日だってすべての星を見ることはできない。
空が動いている証拠です
まずは地面を歩いてみることから始めてください。
嘘だと思う人。
あなたが今まで見たことないものが、今夜ここに現れます。ごめんなさい、怖いでしょうが、決して見ることを恐れないでください。これは嘘ではありません。

地球が自転しているというのは嘘です。
本当は、空が動いて頃
この世界は平らですよ。
動いていないのです。
考えてみてください。
私たちには見えないものたくさんありますよね。
回っていたとしたら
結果的には見えてしまいます。

ずっとこどものふりして
ごめんなさい

あなたの人生返品しませんか?

かなしかったこと寂しかったこと、
たくさんあったかとおもいます
そのような負となる人生は
存在しなかったことにしませんか

この世で一番素晴らしいことは
あなた自身が満足いくような人生が歩める
ことだとおもっています
もちろん、うれしかったことは心に残してお
いてかまいません
このようなことは信じてもらえないかもしれ
ませんが人生は操ることが可能です

操作することであなたの人生はもっと豊かになるのです
まずはあなたのことをもっと知る必要があります

── 一度あそびにいらしてください ──

集い場所：■■■■■■■■■■■■
■■■■■■■■■■■■
代表者：■■■■■■■
連絡先：■■■■■■■■■

この《社会》と云う監視環境に於いて、立上がらねばならない人材とは、誇りかな大和魂を持った群雄の一であって、末だもういったここに（信じられないことだが）気づいていない者を啓くもので有る。

■■、或いは■■のやうなすべき開拓者としてまず最初に行うべきは、素知らぬ顔をして社会に蔓延して居る密告者の《世直し》であり、この世界に生まれ落ち夫、求道の者としての使命なので有る。

■を打倒し、理想社会を実現

3 とある民家の壁に
貼り付けられていた
怪文書

こちらは、とある民家の壁に貼り付けられていた手書きの文書です。

この貼り紙だけでなく、同じ壁には様々な政党のポスターや、

恐らく家主の自作と思われる格言のようなものが複数枚掲示されていたそうです。

黒塗り部分は、特定の人物や政党などを揶揄した言葉遣いが用いられていたため、

後から加工を施しています。

なお、この家に貼られていた手書きの文書は多くの場合で、「檄文」「跋文」「警告」など、

その文の主題と思われる熟語が上部にやや大きく書かれていたため、

例え家の外壁から剥がれた紙であっても「あの家のものだ」と判別できたといいます。

この世にあるもののうち、いくつが
自分のそばにあるか知っていますか?
それは知っておかなければいけない
　　　　　　　　　　ことです。
知らないで生きるなんてもってのほか。
あなたは知る義務がある。
今あなたの隣にあるものはなんですか?
それは生涯大切にできるものですか?
そうでなければ捨てなさい。
無意味なものほど人をおかしくさせる。
捨てて捨ててまっさらな状態になって
裸になってまた自分を見つめてみて。
それがあなたのすべてなのですから。

限りある未来を信じますか?
効能：主成分人体実験の成れの果て
どうぞこちらへお越しくださいwelcome

おめでとう！

・この文書を読んだ瞬間、あなたはすでに変わっています。
 あなたは、これまで知らなかった能力を手に入れました。あ
 なたは、これまで考えられなかったことをすることができるよ
 うになります。しかし、あなたがこれを手に入れるためには、
 あなたが手に入れることのできないものを失わなければな
 りません。あなたがこの文書を無視することを選ぶ場合は、
 あなたが手に入れることのできないものを失わずに済むで
 しょう。しかし、あなたがこの文書を手にすることを選ぶ場合
 は、あなたが失うことになるでしょう。あなたの選択次第です。

みいつけた！みいつけた！
おぼうしかぶったおにいちゃん！
く〜ちゃんとなりにきて
く〜たんココにいます(^w^)
おなかすいたな

あなたは、暗闇の中で目を覚ます。周りは、何も見えず、静かで恐ろしい。しかし、あなたは、自分がどこにいるのかを知っている。あなたは、死の部屋にいる。そこに、あなたの死を待つものがいる。あなたは、逃げることもできず、そして、あなたを殺すこともできない。あなたは、ここで、永遠に、闇の中で、恐怖に陥ることになる。

HN
みみ、みったん、みいこ、みこぷー

HNの由来
ぜんぶおにいちゃんがつけてくれた♪

職業
Jk2年目

誕生日
9月25日♪（誕プレ待ってます!!!蟹）

絡む〜ちょ
おにいちゃんの許可がおりた人のみ(o`∀´o)｡ﾟ*☆M〜

ここだけのハナ
幸せになりたいコム持ちはアポください★（byおにいちゃん）

MYリンク
秘密の会★

ココで犬の🈲糞をさせる奴!!!

カメラで見ている!!!

堪忍しろ!!!

※覗き見つけたら犬を容赦無く、叩き殺す覚悟はできている

妖精さん探しています

妖精さんの御姿

・つややかで細く豊かな黒髪

・うつくしく潤んだ黒目

・あでやかに膨らんだ唇

・白くほっそりとした指

・すらりと通った脚

妖精さんは僕たちと異なる世界を生きる尊い存在であるため、
(例えば外国の人々の言葉が分からないように)
その意思を直截理解することは出来ません。
そのため妖精さんは、文章を通じて私たちに意思を通じてくださいます。
異なる世界の橋渡しとして、妖精さんの通訳ができる方は稀有であり、
全力を挙げてそのような資質を持った人々を
(我々もですし、もちろん妖精さんも)探している状況です。

そういった方々にお心当たりのある方、
あるいはそんな素質のある文章に心当たりのある方、
いつでも連絡いただければと思います

██の路地裏に
貼られていた
怪文書

昨年、████████付近の路地裏に貼られていたという貼り紙です。
「人探し」の貼り紙は様々な場所で見かけることがあり、
時としてホラー関連の創作物の題材にも用いられます。
しかしこれは「妖精さん」なる存在を探すための文書であり、
かつ本文で探されているのはそんな「妖精さんの通訳ができる『人』」となっています。
(恐らくは)非存在を探すために実在を探す貼り紙を作るという点が
この類の文書に於いてあまり見ない特徴を備えていたため、
今回の展示として選出しました。

この世のすべてはアリシムジャバに よって決められている

～ジャバとは宇宙の創造者であり自然界の秩序を守り人間に対して恵みを与える存在である。～

ジャバは私たちに心の平和と安らぎを与え生活を豊かにする。

彼は科学的にも証明されている宇宙の起源や生命の起源を説明し人間に対して理解を深める助けをする。また彼は人間に対して道徳的な指針を与え社会を良好な状態に導く手助けをする。

☆もっとよく話しませんか？→080-███-████

赤い月が西に実る
東の空に白い花が細っ
北の路が青い ようこそ
南の山が火を追う 未来へ

警備員さんへ

いつも寒い中この場所の安全を守ってくださり大変ありがとうございます

わたしの好きな言葉に「人生素晴らしく」という言葉があります
この言葉にはいままでのわたしの人生を肯定してくださるようなそんなパワーが込められています

あなたの人生もわたしが肯定してみせます
どうか風邪にはお気をつけて、

今度はすこしお話しできれば。

この人█████！！！！！

ナニモわかってない！！！！！！

コロスかもしれません

あなたを名乗る人が多発しています。

非通知で電話がかかっ
てきても
出てはいけません

※わたしのまわりではもう5人がいなくなり
ました

7　　　202

今日じんせいも五里霧中！

専業主婦・白井宮子さん

ひと月前に不思議な体験をしました。家のそばを歩いていると変わった紙を拾いました。そこにはある特定の人に関する情報がびっしりと書いてあり（顔写真も載せてましたが私の知らない人でした）何だか少し怖くなり拾った紙を近くのゴミ箱に捨てて考えないようにしました。しかしその夜やっぱり気になってその人の名前をネットで検索したんです。

結果的にその人の情報はどこにも書いておらず結局どこのだれだかわからずじまいだったのですが、2月の始め頃に見たのです。彼は信号待ちをしていました。私は思い立って話しかけました。「先日3丁目あたりであなたのことが書かれた紙を拾いました」と。

すると彼はわたしに「あー」とだけ言い、駅の方まで歩いて行ってしまったのです。その後私は諸事情があってその街を引っ越したので彼と会うことはなくなりましたが、あれはなんだったのでしょうか。私にはめっきり分かりません。

尋ね人

清水正世（二十二歳）裏野町三丁目五の二〇・黒い髪、白コート、紺セーラーどこにいる。ヒトリで出歩くなさあれほご云ったよな。至急場所知らせよ

戒告

毎夜家の前に来ては
わたしを尾行している者へ

お前の行動、思考、悪意はすべて
わたしに通用しないものであり
譬えどれほどの追跡をしようとも
悪の手紙をわたしの家に送付して来ようとも
わたしの家の扉を戯れに叩こうとも
其れを以てわたしの行動を抑制することは
できないのであり

即時即刻尾行その他の嫌がらせの
止めることをここに戒告する

とある民家の壁に
貼り付けられていた
怪文書

とある家の壁に貼られていた文書です。

この文では、例えば「電波攻撃を受けている」といった

どこか超常的な被害ではなく、

「追跡・尾行」「手紙の送付」「家の扉を叩く」など、

かなり具体性を帯びた被害の報告を行っています。

なんらかの犯罪の可能性が示唆されているようにさえ思うのですが、

家主が警察機関を「悪の枢軸の手先」と嫌厭しており、

近隣住民も最早その家とのコンタクトを行っていなかったため、

特にそういった捜査の介入は行われなかったようです。

よみといて　くるよいま
しにせみや　ちりそけみ

しがやみける　けらむべし
うみにくずり　さいじょう

君はわたしの宝物であるため今日もどこかで安らか
な顔で生きていることを願っている
寒い日がつづいているが風邪をひいていないだろうか
わたしの叔母にあたる女性がこのような手紙を書
くことをアドバイスしてくれたのだ
わたしには このようなアイディアが思いつくはずもなく
大変有り難い
遠くの空、君があの日言った言葉がわたしには
忘れることができない
きみの考えていることは容易いと思っていたがいまも
わからないことがある
それでもきみは その道を選んだ僕を置いて
あのとき だれと、何を話していたのだろう
せめるつもりはない ただ 変わってしまったきみが美しい
と感じる
いつでもきみのことを考えている それだけは変わらない
いつか会いにきてくれることを祈っている

わたしは待っている ぼくの、佐和!!

今日の朝食は
朝に食べたので
昼食は夜に
食べることに
しました。

幼稚園さま
このお手紙を手にとって頂き、ほんとうにありがとう御座います。
木下公園でのお菓子さんにはついていけません。
わたしもお菓子をくれるひとより、いつも柄のわるい人を
話しちらけているひとです。
ぶらさげているひとです。
わたしはおばあさんと呼んでいます。
どうかおきをつけて。
たおやかなおりこう子供らを主も会代表より

この文書を見ると、あなたは　遅すぎました。

あなたは、あなたが知るものを
　すべて失ってしまうでしょう。

あなたは、ここから出ることができません。
あなたは、ここで永遠に留まるでしょう。

もしもあなたがこの文書を　無視した場合は、
　それはあなたの
　　最後の機会でした。

わたしは被害者なのです

多くの人々の酷いことをしてます
どのようにしてもくやしくて、かなしいのです
敵とはどこにでもいて、
思念といった形での攻撃をするため、
完全犯罪であるかのように~~鷹馬を橋け~~
おごり高ぶっているのです
しかし思念での攻撃は同じく思念によって
念写できるものであり、それが"動かぬ証拠"
として機能することは明確です
もうしないし、しても~~無駄~~だということを
知らせるためにも
これを廣く公表しなければならない、

町の掲示板に
無断で貼り付けられた
画用紙の怪文書

これは、▬▬▬のとある町内掲示板に、無断で貼り付けられた画用紙であるそうです。
ただ単に「思念」による攻撃を受け続けるだけでなく、
その攻撃の様相を同じく「思念」
(恐らくは書き手の中で「イメージ」辺りの語彙が連関しているものと思われます)
によって転写することで、加害者への反撃を試みています。
その転写が恐らくこの画用紙内のスケッチであろうと思うのですが、
この絵が何を意味しているのかを推し量ることは出来ませんでした。

いつもこの道をとおってる
かたたちへ。

もうすぐなのでこの道は一ヶ月くらいは
ここは通りないほうがいいです
どうしても通るときは

To.私
ネコを
線路に
タニンの
人をこわ
昨日の
てこなか

<注意喚起
ここにいる人に話しかけられてもついて行ってはいけません

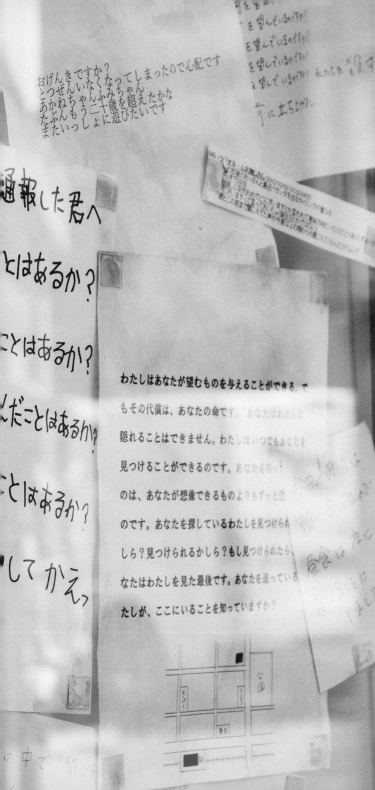

Message: #3104 GUEST 00:21

≪超自然≫のものごとに関する接触方法の原理をこ
こに開示します

・憑依とは深化した接触の一過程である
・割かれる意識の総体によって、その段階は決定づ
けられる
・そのため、幽霊とは本質的に≪存在≫ではなく
≪状態≫を指すことばである
↑「信心」「仏性」などは、この論理を無断盗用した
宗教者による妄言である

今世間に伝わっている［幽霊］［怪異］［神］といっ
たものに関する論考、書物、作品その一切は、
私が秘密裏に考案し論証していた不変論理を無断で
盗用したものであり、
ここで書面により断固とした抗戦の姿勢を示すもの
でもあります

7 パソコン通信時代の
BBS に連投された
怪文書

こちらはパソコン通信時代、
宗教関連のトピックを扱う掲示板のログからサルベージされた文章です。
後半の「今ある著名な文章やメディアは自分のアイデアの盗用である」
といった論法は界隈においてそれほど珍しいものではないのですが、
前半の論理展開には特筆すべき点が幾つか確認されたため、
今回の展示に採用しています。
それは例えば一連目の「幽霊とは≪存在≫ではなく
≪状態≫を指す言葉である」といった、
幽霊を「自分たちと異なる存在」ではなく、
「自分たちもなる可能性のある状態」として捉えている点などです。

わたしたちは正しい道を歩んでいるのかしら？　わたしたちの前には選択肢がある。
それらの選択肢は わたしたちを どこへ導くのかしら？　私たちは それらを選んでも
選んでも、決して、本当の答えを知ることはできない。でも それらの選択肢を
選ぶことで、わたしたちは、少しずつ、自分たち自身を知ることができる。
そして、それが、わたしたちが、本当の自分を知ることを助けてくれるのです。

Re:ヤッホー
2013年1月13日 17:53

██████様

突然で申し訳ございませんが
あなたの会社での行いに点数つけました
ズバリ「35点」ですごめんなさいね
あなたのこともっと知りたい
あなたももっと人間のことを知りましょう
ね
つぎ出張するとき連絡してね

p.s.トイレは綺麗に使いましょうね

(件名なし)
2014年2月9日 18:53

あの記事、消してもらえませんか？どうもよくわからないことが書いてあって気持ちが悪い！あたしの心の中を読まれたみたい。気持ち悪い。。超能力は使えませぬがどうすることだってできる。だってあたしは ██████ ██████。あの技はあたしにしか使えないのよ。馬鹿にしないできっと世界はもっとよくなるんだからあたしについてきなさい。月に代わってお仕置きします

クローンに騙されるな！！！
あなたには違いがわかるか？

①中島和季　　②金城洋佑　　③田中吉道

この世はクローン人間で溢れかえっている！
総理大臣も国会議員もみなクローンなのである！
ほんとうの身体は冷凍保存され地下に眠っているのだ
もっとよく知りたいかたはこちら
→███████████████████@
███████████

いつもこの道をとおってる

かたたちへ。

もうすぐなのでこの道は一ヶ月くらいは

ここは通りないほうがいいです

どうしても通るときは

同じようにふせてください

―― お知らせ ――

わたしたろは幸せものです

このような機会をいただけて

　　　　嬉しい限りです

思い残すことはないので

　　　この店を閉めることにしました

いままでお世話になりました.

おはなし相手募集中！

<u>よかったらはなし相手になってくれませんか？</u>

少し前まではははなしているとだれかが寄ってきてはなしているうちに
すっかり打ち解けて友達になったりしたもんですが最近はそとにでな
くなたせいかもっぱら友人などできそうにあり
ません。
はなしてくれていた以前の友人も今は少しも

はなしてくれなくなりました。困っています。
どうかわたしを助けると思って。気軽に連絡く
ださいな
↓↓↓↓↓↓↓
<u>ID:</u>

わたしです。

12：名無しさん＠お腹いっぱい。：2009/12/10（木）11:42:36
　　今日＠ご食反しよぁ＠ノ｜｜で″見つレナナニぁ＠子。
　　醤シ由で″煮言吉めゐー＜美口未としいって書いてナニ己事を
　　見つレナナニカゝらどぅする。

ご当選おめでとうございます

厳正な審査の結果、あなたは妖精さんに当選されました。

詳細の発表は発送をもって替えさせていただきます。

今後とも末永いお付き合いの程、どうぞ宜しくお願いいたします。

8

とある民家の
郵便受けから
発見された怪文書

とある民家の郵便受けから発見された便箋です。
その民家では、生前の家主が、
いわゆる「怪文書」といわれるような、
特徴的な貼り紙などを書いては拡散していたことが分かっています。

あなたの私物、
なんでも回収します

いらなくなったもの、捨てたい
ものどんなものでも構いません。
形状、サイズ不問！着払いOK！

※諸事情ある場合は事前に連絡
　ください。

メール：████@████.jp

わたしは、あなたがそこにいるとき
て。あなたをみつけるために、わたしは
たどりついた。わたしは、あなたをみつけるため
に、あなたをさがし回った。わたしはあなたをみ
つけるためにあなたをおった。わたしは、あなたを
みつけるために、あなたをよんだ。～～わた
しは、あなたをみつけるために、あなたをた
おした。わたしは、あなたをみつけるためにあ
なたをこわした。わたしは、あなたをみつけるた
めに、あなたをつかまえた。あなたはわたし
をみつけることができない。あなたは、わ
たしからにげられない。あなたはわたしに
もういられない。あなたはわたしを少ない
あなたはわたし～～をみつけ
られない。

あなたのいぬくれませんか？

この犬の飼い主さんをさがしてい ます
知っている方は連絡ください

Tel:▮▮▮▮-▮▮-▮▮▮▮

最近家のまわりをぐるぐる回っている女性（多分）がいるのですが、その人がおそらくもうじき自分の家の中に入ってきてしまうのではないかと思い少し不安です。警察に言っても取り入ってもらえず誰にも頼ることができません。多分同じ人だと思いますが意味のよくわからない文字が書いた紙がポストに入っていることもあり

こわい。ずっと男の声をする
さむい 閉じ込められている うみのそかく
こっちをみている人これを落としたパソコン

占い師=詐欺師である

人は
常に未来に対して不安を抱き知りたいと考える。これ
は人間の本能かもしれない。しかし未来は誰にも分か
らないのだ。それを運命を決定するもので、つまり占いはその
全部分を使用する。しかし占いはあなたを肯定するもあ
なた自身で自分の人生を制御することができる。あなた自身が未
来にみ来を決定ることができるのだ。いいか占いは馬鹿だ！そん
なものに、お金をはらってはいけない。あなたのみ来はあなた自身が
作る。自分自身を信じて自分自身を決定するのだ。占いは
結果を予測するためではなく、あなたを動かすため。的中率と
い」者が自分の意思を追求するのである。占りはあなたを限
定する。あなた自身があなたの人生を制御しなければなら
ない。自分自身を信じて自分自身を支配することがで
るのである。占いは運命を
決定するものではなく、あなたの行動を選定するもの
を信じて自分自身の意志を追求するのだ

呪われた本に触れた者は、死んでしまう。その本を読んでしまった者たちは、すでに命を狂わす存在になってしまった。私もその本を読んでしまった。私も命を狂わす存在になってしまった。呪いを喰らい、私も呪われた本に触れた者の一人となった。そして、呪われた本に触れた者は、死んでしまう。それは、私たちが死んでしまうことを意味するのだ。呪われた本に触れた者は、死んでしまう。それは、私たちが死んでしまうことを意味するのだ。呪われた本に触れた者は、死んでしまう。それは、私たちが死んでしまうことを意味するのだ。

ブログ、消してもらえませんか？　　　　　　　　　　　　　　　　詳細ヘッダー | タブで開く

From: ▓▓▓▓▓▓▓▓

To: ▓▓▓▓▓▓▓▓▓▓▓▓▓▓▓▓▓▓▓▓▓　　　　　　　　　　　　2009/11/27,Fri 05:04

あなたのブログには誰がとは言いませんが全ての写真に映っている気持ちが悪い。足の長く薄い手がこちらへと伸びている。最初は目を瞑っておりましたが我慢ができず。あなたのブログが好きなので恥ずかしがらずにお願いしたく

HNいつもコメントするマサヤンより

助けてください。最近、私の家に、様々な知らない人が来てて、非常にで困っています。どういうことがかっていうと、私の家には、窓がついているのですが、例えばそこから、覗き込んできてさも「自分は怖いものである」というように、人々（の場合が多いと思います）がふるまいます。他にも、色んなものを家に入れようとして来たり、気持ちの悪い写真や手紙みたような、ものたくさんの入れてきています。それらを見ること、触れることすら嫌だといっているのに、耳元まで来て話しかけてきたり、そういったことはいくつものでした。

どうすればいでしょうか

この質問への回答は締め切られました

とある質問コミュニティサイトへ
投書された怪文書

とある質問コミュニティサイトに投稿された文章です。

一時期、質問サイトにわざと支離滅裂な文章を投稿して楽しむ文化があったため、

この文章もその類の投稿ではないかと目されていました。

しかし、このアカウントは約半年間にわたり同様の投稿を続け、

そして突然に質問文の投稿を停止しました。

こちらの文章は、家の窓から自分を覗き込み、剰え耳元で話しかけてくるという

「知らない人」の存在に対する情動の言語化が少々特異です。

その存在が怖い、と表現するのではなく、

「その存在はさも自分が怖いものであるというように振舞う」というのです。

「怖いもの」ではなく、「怖いものであろうとするもの」が、

その人の家には次々と訪れて、気持ちの悪い写真や手紙などを寄越してくると。

例えば幻覚として見える超常的な心霊現象なら、

そんな迂遠な発言はせずに、単に「怖いもの」と言えばいい筈なのに。

そのため、とても気になりはするのですが。

なぜこのような言い回しを用いたのかも、

ましてこの質問者はいったい何を見たのかも、

もちろん今となっては知る由もありません。

わたしは、そこにいる
　　　　　　わたしは、あなたを見つける
　　　　　　わたしは、あなたを追う
　　　　　　わたしは、あなたを捕まえる
　　　　　　わたしは、あなたを殺す
　　　　　　わたしは、あなたを食べる
　　　　　　わたしは、あなたを愛する
　　　　　　わたしは、あなたを憎むわ
　　　　　　たしは、あなたを待つ
　　　　　　わたしは、あなたを求める
　　　　　　わたしは、あなたを呼ぶ
　　　　　　わたしは、あなたを見つけ
　　　　　　るわたしは、あなたを殺す
　　　　　　わたしは、あなたを食べる
　　　　　　わたしは、あなたを愛する
　　　　　　あなたは、わたしを愛する

この世界には、目に見えないものがある。それは、あなたを狙っている。あなたを見つけたら、あなたはもう逃げられない。

この角まがれ。
くの先まっすぐ行って
突き当たりを左。
川についたら
　　水を飲んで。
としおさま としおさま
おしたさいりと唱えましょう。

あなたのはいふ
をください。
はいふくれそうな
だれかを紹介してくれ
るでも構わないのと
おもっています。
気が付きましたら
　連絡ください

人付き合いせぬ息子 友人をもてなしたい

今年36歳になる息子は高校生の頃から友人があまりなく、いつも一人で遊んではどろんこになって帰ってきます。どこに行っていたのと聞くと決まって「外」と捻くれた答えをします。最近では新しい仕事を始めた様でそれがどうやら立ち仕事らしく汗だくのシャツで洗濯物が嵩張って困るのですが何やら友人の様な人も一緒に帰ってくることがあり嬉しいようなどこか懐かしい気持ちです。しかし来客はいつも突然で家の掃除やらも一人でお茶菓子を出すこともできません。このような時間もない時でも作れる簡単なお菓子のレシピを教えていただけますでしょうか。しがない母ですがこれくらいのことはしてあげたいのです。

（60代・女性）

昨今はめっきり少ないくなりましたが
頑張って歩いている方がうらやまい
あたくしにそコンプレックスのかたまりでまるで想い像く
がつきませんがそんがやろなことを考えているうちでは
どうも神さまにオこられるやもしれませんね　どうしたって
我はいくまわりにはい方考えができないほうが辛まってきて
しまりのでどクレよクもニ×にもそれから去ひきいていては　日常の
生活のなかせこれたお　もちやりごとく手を合わせるわけだけ
れどもこんなことをするこにじていいなんだや　神さまをうらぎってしま
っていてじの中に大きいビーダマがあるに思ったしだいで
ニざいます
こからもよろしくお頂戴いします

足跡から来ました

2011年04月26日　00時48分

退会したユーザー

あなたも妖精さんが見える人ですか？

返信する　　削除する

厳正な審査の結果、あなたは妖精さんに当選されました。

詳細の発表は、後日担当者がお伺いする形でお知らせいたします。

今後ともご寛恕の程、宜しくお願い申し上げます。

戒告

毎夜家の前に来ては

止めることをここに戒告する

10

とある民家の玄関に
無理矢理貼られていた
怪文書

とある民家の玄関に粘着テープで強引に貼られていた紙です。
その民家では、行方を晦ます前の家主が、
いわゆる「怪文書」といわれるような、
特徴的な貼り紙などを書いては掲示していたことが分かっています。

殺人鬼よ。

あなたは、どうしてこれらの行為をするのですか？

あなたは、どうして、これらの罪を犯すのですか？

あなたは、どうして、これらの人々を殺すのですか？

あなたは、どうして、これらの人々を傷つけるのですか？

あなたは、どうして、これらの人々を苦しめるのですか？

あなたは、どうして、これらの人々を恐れさせるのですか？

あなたは、どうして、これらの人々を悲しませるのですか？

あなたは、どうして、これらの人々を傷つけるのですか？

あなたは、どうして、これらの人々を殺すのですか？

あなたは、どうして、これらの人々を傷つけるのですか？

あなたは、どうして、そこにいるのですか？

求ム！左右論ノ撤廃

以下理由ノ為、即刻廃止ニスルベキデアル

①コノ世ニ**右ト左ハ存在シナイ**
②分割概論ガ**社会的隔離ヲ助長**シテイル
③過剰ナ資源ヲ消費スルコトデ
経済的効率ガ悪化シテイル
④本国ノ多大ナ**治安ガ大イニ劣化**スル
⑤各人々ニヨル認識的**自律性ヲ妨**ゲテイル
⑥**公正サノ欠如ヲ示シテイル**ト思ワレル

マッタク意味ノナイコノ制度ヲ
私タチノ力デ変エナケレバナラ
ナイ！
賛同スル者タチヨ、今スグ決起
セヨ！

↓ ↓ ↓ ↓ ↓ ↓ ↓ ↓

TEL：　　　－　　　－

今晩わ。あなたの飼い猫拉致します
10月6日のよる。だってあなたがわるいんだから

おげんきですか？
とつぜんいなくなってしまったので心配です
あかねちゃんふみちゃん
たぶんもう二十歳を超えたかな
またいっしょに遊びたいです

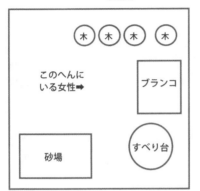

<注意喚起>

ここにいる人に話しかけられてもついて行ってはいけません

駐輪場

木 木 木 木

このへんに
いる女性➡

ブランコ

砂場

すべり台

タイムライン

📝 投稿　　📷 画像　　😊 スタンプ

ちぃこ
昨日 2:54

<わかる方連絡ください>

どうしたものか最近耳元で女性と思われる声
が聞こえるのです
聞こえるときもあれば聞こえないときもある
のですが
うすい声が大きくなったりちいさくなったり
聞こえています
夢の中だとは思いますが細い腕のようなもの
が伸びた女性が隣に立っているときもありま
した
わたしには幼いときから霊感などはなくそう
いう力も持っておらず

いいね・コメントする

TREND NEWS
3/19 11:50

今わたしの、家の郵便受けに霊的存在からの
交信が再び起こっています わたしは、そうい
うことではないので話をしたいのですが、彼
彼女は笑っているばかりで莫迦にしているこ
とを伝えなければなりません 彼らは「これか
ら始まるんだ」と笑ってくるので私はおこりま
す。そうあってもしょうがないからと
こちらがその、資料であり、媒体です

11

電柱付近に
貼り付けられていた
怪文書

とある住宅街の電柱付近に貼り付けられていた貼り紙です。

「霊的存在からの交信」が自宅の郵便受けで起こっているという文意。

貼り紙の下半分に不自然に空いた空白。

そして「こちらがその資料であり媒体です」という末文の記述。

これを統合すれば、恐らく

「郵便受けに投函された何者かからの文書を公表する」という意味の貼り紙

(つまり、いま展示されているのは何らかの文書を貼り付ける「台紙」)

であったことが予想されます。

しかし、残念ながら添付されていた(であろう)何かは既に電柱から剥がされ、

散逸してしまっていました。

豚たちよ

私たちはあなたがたが楽しむことを願っている

あなたがたが望むときには、新しいおやつを与える

あなたがたが望むときには、新しいお水を与える。あなたが
たが
望むときには、新しいおもちゃを与える
あなたがたが望むときには、新しいお花を与える
あなたがたが望むときには、新しいお布
団を与える。私たちはあなたがたが楽しむことを願っている

私たちはあなたがたが楽しむことをねがっている

恩返しです。これは恩返しと
なのだから受け取らなけれこと
ば私に失礼。あの日のことだと思
を1秒たりとも忘れたこと
はありません。勝手だと思でい
うかもしれませんがそれはな
構わない。月夜が輝いて私
るうちに渡さなければ私さ
殺される。怖くてたまらめ
い。恩返しを受け取ればこ私
は助かります。ごめんなさは
い心の弱い人間です。ごめ
んなさいごめんなさい。こ
れで未来のあなたの子供は
守られます。

あっというまに四十三歳になりました

プリンを食べていたらふとあなたのことを考えてしまい。
こうゆうときはなんといったらいいのかわからなくなるもんで

とりあえずは私がどういう人間かなどを知っていただけたらと

以下自己紹介

- 趣味：食べくらべ、小説（一応作家志望）
- 好きなもの：雑誌の切り抜き集め、ネコ
- 楽しかった年：2013年

私は今、誰かに監視されている
と感じます。
私のすべての行動が観察され、記録
されているようです。
私がどこにいるか、誰と話している
か、何をしているかを知ることがで
きる人がいるようです。
私は自由ではありません。
私は捕らわれているようです。

探しています！

「真島洋介」を見かけたら ▓▓▓▓▓▓ まで連絡ください

12 年前、わたしが壊れていると一方的に別れを告げられま

した

毎晩そのおかげでお腹の中からでてこず泣いてる声がする

ずっと一緒にいようと言ったにもかかわらずこわいこわい

＜特徴：メガネ、紺のブルゾン、デニム生地のキャップ＞

※20 年前の写真です

562：ラジオネーム名無しさん：2012/08/22（水）00:28:45
　隣の部屋の男が毎晩「妖精さんがくる」とかなんとか叫んでるんだが
　どっかの劇団？に入ってるらしいが煩くて仕方がない

【わたしたちと一緒に██████を倒してくれる人募集中！】

県議会議員、██████を一緒に倒しませんか？

わたしたちの税金で遊び回り三食食べている極悪非道人

今もあなたの税金がこの男のカラダの中へと消えています

ろくに仕事もせず食っちゃ寝食っちゃ寝、浮気

今こそ立ち上がるときです、わたしたちは戦士となり敵は倒さねばなりません

あなたが必要です。これは善行なのです。

決行日：11月6日　████████にて

妖精さん探しています

妖精さんの御姿

・つややかで細く豊かな黒髪
　　※座頭虫の足をよせあつめたような細さと動きをしています
・うつくしく潤んだ黒目
　　※潮干狩りの際巻き貝の中をみたときに似ています
・あでやかに膨らんだ唇
　　※蟷螂や女郎蜘蛛を裏返した時の胴体に似ています
・白くほっそりとした指
　　　※所々、白でない場合もありました
・すらりと通った脚

妖精さんは僕たちと異なる世界に

（　　　　　　　　　　　　　　　　　　　　　　　　　　　　　　
そ　　　　　　　　　　　　　　　　　　　　　　　　　　　ます。
異　　　　　　　　　　　　　　　　　　　　　　　　　　　り、
全方　　　　　　　　　　　　　　　　　　　　　　　　　　　
（我　　　　　　　　　　　　　　　　　　　　　　　　　

そうい　　　　　　　　　　　　　　　　　　　　　　
あるい　　　　　　　　　　　　　　　　　　
いって

僕たちは長らく言葉だけを受け取っていましたが、
最近になって思いが実ったのか、
遂に妖精さんが姿を顕してくださるようになりました。
そのため妖精さんを通じてくれる方は勿論、
顕現してくださった妖精さんの目撃情報等も
募集することが出来ています。
心当たりのある方いらっしゃいましたら、
いつでも連絡いただければと思います。

12 ■■■の路地裏に
貼られていた
怪文書

今年、■■■■■■■付近の路地裏に貼られていたという貼り紙に、
何者かによる加筆・修正がなされていたそうです。

〜「妖精さん探し」による高次形象との意思疎通〜

◎妖精さんの御力

妖精さんとは、この世界を生きる人々の言語、思想、存在性を超越した存在です。
妖精さんの思いは僕たちにとってのさまざまな重要性を帯びた言葉として現世に現れ、
僕たちを教え導いてくださいています。

愚かしくもそれを他の神などの「神託」「お告げ」などと誤解する人もいますが、
それらは全て妖精さんという単一の存在に収斂するのであり、
彼らが前提とする「聖性」「神秘性」とやらはすべてが妖精さんの意志に帰結します。

それは例えば仏陀が現世におけるみずからの手足として菩薩を使役したようなもので、
「神」や「仏」あるいは「霊」などという言葉で形容されるものはすべて、
妖精さんの思いを伝えるものとして存在しています。

しかし現代社会に於いて、妖精さんの思いを最も高精度に代弁できているものたちは、
その偉大さを顧みられることもなく、苦しい生活を余儀なくされています。

今の時代で不遇にも、
「気の触れた」「頭がおかしい」などと唾棄される人々の作り出す文章。

俗に「怪文書」と論われるそれは、
僕たちが囚われている文法・語彙といった制約を軽やかに飛び越え、
妖精さんの有難い言葉を高精度に代弁することに成功しています。
（もちろん、それを以てしても十全に翻訳されているわけではなく、
あくまでも言語という範囲内で描かれた、洞窟の影絵めいた形象に過ぎません）

今では残念ながら距離を置かれ、敬遠されている彼らこそ、
我々に妖精さんの有難いお言葉を届けてもらうための重要な翻訳者であり、
この現世を救ってくださるかもしれない鍵となる人々なのです。

~光明のサイクル（仮）~

僕たちの意思に賛同いただける方。
身内にそういった文書を作ることの出来る存在がいたことで困っていた方。
僕たちは、そんな皆様方の声をお待ちしています。

「最近、こんな張り紙を見た」
「近所にこういう人がいる」

そんなお声がけが、今後の世界を救う一手となるかもしれないのです。
些細な情報でも構いませんので、ぜひご連絡ください。

13

とあるバス停に
吊り下げられていた
二つ折りの怪文書

■■■■■■付近のバス停に吊り下げられていたという、
恐らくは簡素な編集ソフトによる手作りと思われる二つ折りのパンフレットです。
そのバス停では時折、聖書の一節や仏典の解説文などが冊子として
複数冊吊り下げられていることがあるため、これも「そういった」ものだろうと、
近隣住民もあまり気にしていなかったのだそうです。
このパンフレットに書かれている、
「『怪文書を作り出す人物は妖精さんの言葉を伝えることのできる人材である』」
という思想を持った人(人々)の存在について、
その地域に住んでいる方々は心当たりがなかったそうですが。
昔からこの地域に住んでいる方の一部には、
「そういえば最近、昔ほど変な貼り紙とかを見なくなった。
警察とかが剥がしてるんだとは思うけど」
と証言する方もいらっしゃいました。

～「妖精さん探し」による高次形象との意思疎通～

◎妖精さんの魅力

物品としての
怪文書

梨氏の怪文書スクラップ

このスクラップブックは「最初のころに集めていたものです」
という梨氏のコメントと共に、展覧会に寄贈されたものです。

謎のぬいぐるみ

怪文書13番の二つ折り怪文書と共にベンチに置かれたぬいぐるみです。
誰がどのような理由で作ったものなのか不明です。

怪文書で出来た折り鶴

行方不明になった民家の郵便受けに残されていました。
数種類の怪文書がすべて折り鶴にされており、連ねられています。
千羽鶴のように何かしらの「願い」が込められたものなのでしょうか。

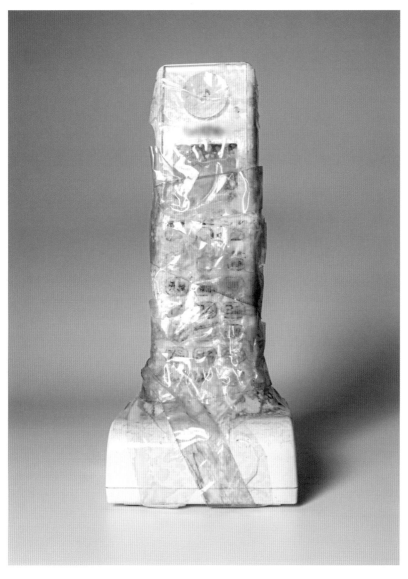

テープでぐるぐる巻きの電話

都内の孤独死現場で発見されました。

テープでぐるぐる巻きにされている点から、電話への強い嫌悪感や拒否感が見て取れます。

「妖精ともの会」のパンフレット

街頭で配っていたパンフレットです。配布の意図は不明です。

写真・画像媒体の怪文書

「文書」ではなく「紙媒体」という括りで、
所有者がさまざまな理由で手放した写真・画像の写しです。

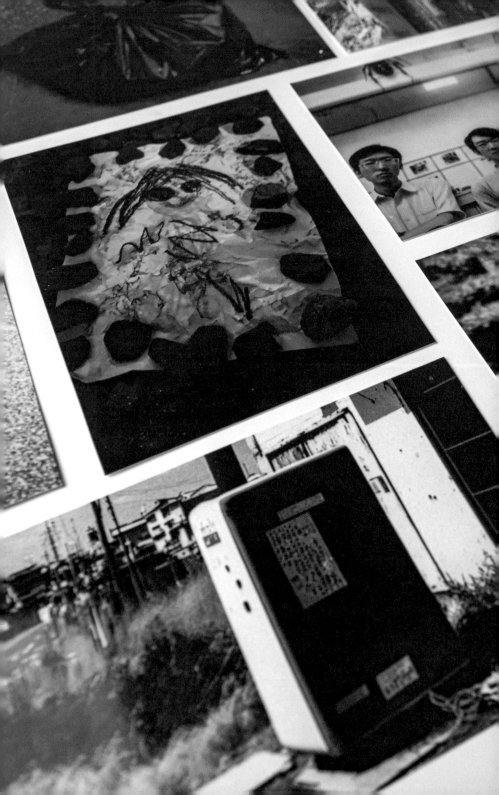

最初は読んでいるだけだったので良かったのですが、今度は手紙や郵便物といったものにより家に、そういった存在が入り込むようになってきてしまいました。窓の外には黒い髪のにんげんが立ってこちらを見ているため、それが入ってこないようにぎょうぜんと見ているしかできず、それだけでどうしようもなく嫌になってします。ついにこの間などは電話が掛かってきており、読んだ見たものが耳元で音を取って喋りかけるようになってきたため、もう終わりが近いのではないかと思うほかありません、私どうしようもなくなって気がするのですが、どうしたらこの状態から

見えてしまいました。

この質問への回答は締め切られました

14

とある質問コミュニティサイトへ
投書された怪文書

この質問のカテゴリは「悩み／人生相談」でした。

この質問をしていたアカウントは約半年間にわたり同様の投稿を続け、そ

して突然に質問文の投稿を停止しました。

これは、投稿を停止する前、一番最後になされた質問でした。

15

映像媒体の
怪文書（3種）

「怪文書」という主題ではあるものの、狭義の「テキスト」だけではなく、
文字情報を伝える媒体としての「映像」も、怪文書の展示物として採用しています。
電子メールの普及とともにチェーンメールが拡がったように、
家庭用VHS、YouTubeなどの普及は、映像版怪文書、
とでも呼称できるような映像をも生み出しました。

★誰でも簡単にできる

★誰でも簡単にできるアルバイト★

★誰でも

間：来月以降の1か月(一週間単位での　　可)

　間：来月以降の1か月(一週間単位での　間可)

　間：来月以降の1

業務内容：渋谷区　　　　　　にある民家の　　　り近

業務内容：渋谷区　　　　　　にある民家の　　付近に立って頂く

業務内容：渋谷付近に立って頂

時間　　後2時～(最長でも150分以内で結構です)

時間　　　後2

　　　　1週間

☆メリット☆

☆メリット☆

服

・服装等の指定なし！！

・服装等の指定

・何も

※その他注意事項

※その他注意事項

・当日　　　指定の駅まで行っていただきます

・当日　　　指定
物がお伺い致しま
・服装等の指定

①winnyで共有されていたmov

映像の最後には連絡用のメールアドレスが表示されていました。

メールを送りましたが、何も返ってきませんでした。

94

、来月以降の

、来月以降の１か月(一週間単位での[...]
可)

業務内容：渋谷区[...]

イト★

単位での[...]

、来月以降の１か月(一週間単位での[...]☆
可)

業務内容：渋谷区[...]にある民家の[...]
付近に立って頂く

る民家の[...]

け以内で結構

時間[...]２時～(最長でも150分以内で結構
です)

[...]１週間ごとに[...]万円

☆メ

☆メリット☆

☆メリット☆

・服装等の指定なし！！

・服装等の指定なし！！

・何も[...]ただ立っているだけでＯk！！！

・何も[...]ただ立っているだけでＯk！！！

[...]家屋の人物が[...]

※その他注意事項

ますと、所定の人

・当[...]指定の駅まで行っていただきますと、所定の人
物がお伺い致します。
・服装等の指定はありま[...]簡単な変装用具をお
[...]頂きます。

妖精さんとは・・・この世界を生きる人々の言語、思想、存在性を超越した存在

妖精さんの思いは、人びとにとって重要性な言葉

僕たちを教え導いてくださる、貴重な「文書」として顕現する

妖精さんとは・・・この世界性を超越した存在

妖精さんの思いは、人びとに

僕たちを教え導いてくださる。

しかし（！）現代社会に於いて、
妖精さんの思いを最も高精度に代弁できている人々は、
その奇特性ゆえに苦しい生活を余儀なくされている

しかし（！）現代社会に於
妖精さんの思いを最も高精
その奇特性ゆえに苦しい生

俗に「怪文書」といわれる文章の重要性
・人々が囚われている文法・語彙といった制約を飛び越えられる
→妖精さんの有難い言葉の代弁に適している

俗に「怪文書」といわれる
・人々が囚われている文法
→妖精さんの有難い言葉の

②YouTubeにアップされた説明会の動画

怪文書に触れている部分を抜粋しました。
いつとこで行われていたのかは不明です。

妖精さんとは・・・・この世界を生きる人々の言語、思想、存在性を超越した存在

妖精さんの思いは、人びとにとって重要性な言葉

僕たちを教え導いてくださる、貴重な「文書」として顕現する

しかし（！）現代社会に於いて、

妖精さんの思いを最も高精度に代弁できている人々は、

その奇特性ゆえに苦しい生活を余儀なくされている

俗に「怪文書」といわれる文章の重要性

・人々が囚われている文法・語彙といった制約を飛び越えられる

　→妖精さんの有難い言葉の代弁に適している

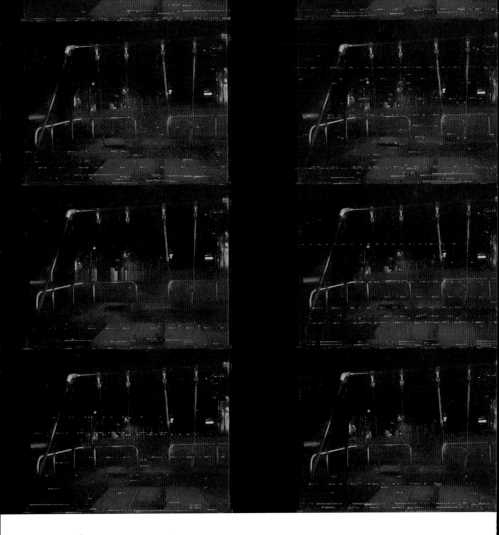

③出処不明のビデオレター

行方不明者の家から発見されたビデオテープに入っていた映像です。

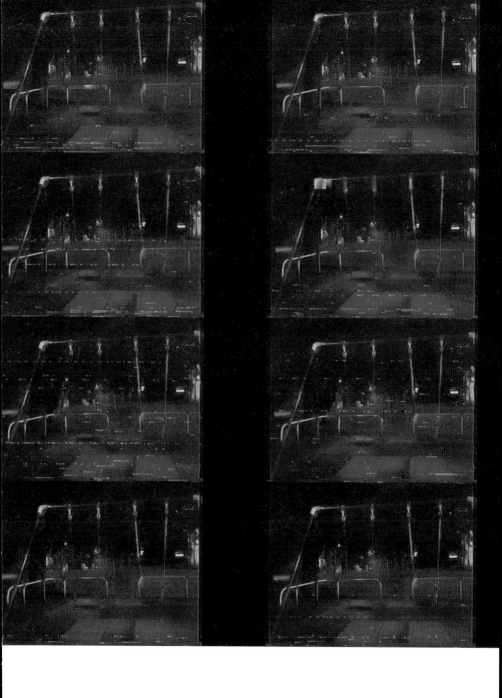

おわび

謝罪します

ごめんなさい

だからもうかけてこないでください

もうはなしかけてこないでください

16

とある民家の壁に
ただ一枚貼り付けられていた
怪文書

外壁に貼られていた他の掲示物（様々な政党のポスターや、
恐らく家主の自作と思われる格言のようなもの）は、
この時点ですべて剥がされていたそうです。

留守番話にはいってた彼女の言葉を聞いたことが源
因なのかもしれませんが、電話をしているのか元々からそう
いった声が張っているか、声ばかりがいつでもあっています
彼、彼、はおめでとうございますと云たので私はきっと
人違いですね、ないと言って首振ったのですが、そうではない
と彼らは言いましたそれがあなたの持つ力なのだと、いう
じすが、たとえそうだったとしたら、

どこから どこまでが 私の幻覚 だったんでしょうか

あ わかった

17 路地裏の壁に
貼られていた
怪文書

これは先月、████████████付近のとある路地裏の壁に貼られていたそうです。
曰く、嘗ては家に届く郵便物を通じて起こっていた何者かによる加害が、
電話をはじめとした、「声」を用いたものに変化していると。
また、この文書を含め、ここまでに見てきたものの一部は、
文書を通じて語られる被害の様相に一定の「進行」の傾向がみられました。
ありきたりな電波攻撃や思考盗聴などの加害が、
監視・追跡など現実的で具体性を帯びたものになり、
郵便物等の送付・家への来訪など距離の近いものになり、
最終的には電話や耳元の声というレベルの接触になる。
この文書の書き手も、この文書を書く直前に留守番電話を聞いていたようですが。
怪文書を通じて語られる「何者か」による接触が、
建物の窓の外から見ていることに気付くごとに、第三者が制作した怪文書に触れるごとに、
そして——最終的には電話などを通して、耳元で声を聞くごとに、
段々と距離が近くなり、彼らの怪文書の何らかの段階が「進行」する。

どこからどこまでが私の幻覚だったんでしょうか

殴り書きのように稚拙な文字の中で、
恰もここだけ正気を取り戻したかのように綺麗に書かれている、この一文。
今となっては私も、それと全く同じ疑問を、抱かずにはいられません。

18

郵便受けから
発見された
怪文書

先週、私の自宅の郵便物入れの中に
入っていました。

厳正な審査の結果、あなたは妖精さんに当選されました。

詳細については、後日担当者が電話連絡の形でお知らせいたします。

今後ともご協力の程、宜しくお願い申し上げます。

あな

もうすぐで

そして、あなたは

安らぎを得るでしょう。

荒野を彷徨う者よ。
あなたを導く光がある。
それは、私たちの神の御手です。

コラム　怪文書とは何か

文＝品田 遊

　怪文書とは、匿名人物によって書かれる真偽不明な文書の総称である。筆者も梨氏と同様に怪文書収集を趣味としており、フィールドワークやネット検索を通じて多くの怪文書を見てきた。

　怪文書が書かれる動機を大別すると、以下のように分類できる。

①仲間を増やすための政治的戦略
②告発や警告のための正義感・善意
③陥っている苦境を訴えるSOS
④思想を広めたいという自己開示欲求
⑤その他、そもそも意図が不明なもの

　本書収録の怪文書は②〜⑤のいずれかに分類可能だ。例外は①で、政敵を貶める意図的な誤情報の流布等を指すため趣旨に沿わない。

　多くの場合、怪文書の内容は非現実的で異様だ。それゆえ人を引きつける魅力がある。だが、この場を借りてあえて断りを入れておきたい。掲載されている怪文書の主張は妄想にすぎない。ほとんどの場合、心身機能の失調という合理的理由で異様さには説明がつく。

　怪文書を通じてある種のオカルト的な興味関心を満たす好事家にとって、これは興醒めな指摘かもしれない。筆者にも怪奇趣味があることは自覚しているし、素養があるからこそ怪文書収集というキワモノ的な趣味に興じてきた。路地裏の貼り紙やネット掲示板の書き込みに深淵を見出すロマンは、充分に理解している。しかしながら、エンタメといえど引いておくべき一線はある。特に、これは思わぬ影響を生じかねない題材であり、常識的な見解を示しておく必要があると思われる。

　かつて「狐憑き」と呼ばれる精神錯乱があった。精神医学が発達した現代で、それは「症例」として解釈される。怪文書の内容を無批判に受け止める態度は、単なる病理を超自然信仰へと逆行させるおそれを孕んでいないだろうか。オカルト愛好観点に立つにしても、まずは考えうる最も合理的な解釈を与え、疑うべきである。それを経てこそ超自然的解釈も輝くはずだ。

　さて、妄想には類型化されたパターンがあることが知られている。

　その代表例が「被害妄想」である。本書に収録されている怪文書の大部分に被害妄想が表れている。誰かに見張られてい

る、話しかけてくる、自分にしか見えない メッセージを送ってきている、といった形で 被害妄想は発露する。これは自他境界が 曖昧になり、客観的理解が困難になること で起こる典型的な症状である。他には関係 妄想や誇大妄想、微小妄想などがある。

　妄想を抱える人間にとって、これは切実 でリアルなもうひとつの「現実」である。心 身の失調は知覚に影響を及ぼす。当事者に とって、それは本当に見えて聞こえるのだ。 怪文書に宿る迫真性はまさにその病理に よって生じていると考えられる。

　怪文書に記される不可思議な内容は、個 人が脳内で育てた「妄想」の記述にすぎ ず、超常的な現象は存在しない――そう断 じられると、かえって訝しむ人もいるだろう。

　「では、別人の怪文書に同じような表象 が繰り返し登場していることはどう説明す るのか?」と疑問に感じるかもしれない。

　確かに、無関係な人物が書いたと思われ る怪文書に、似たようなフレーズや状況が 表れることはある。しかし、これについては 二つの観点から説明することができる。

　一つは、文化や知識に依存しない空想の 類型性と普遍性である。ユングが「集合的 無意識」という言葉で論じ、レヴィ=スト ロースが古代神話の構造的類似性を通じ て指摘したように、人間の空想には潜在的 な類型が存在している。

　妄想についても類型を示す証言は多い。 薬物中毒者の禁断症状によく現れる幻覚 に、寄生虫妄想がある。腕から大量の蛆虫 が這い出てくるというものだが、近年、蛆虫 を見たことがない若者の薬物中毒患者は 「腕から白い綿のようなものが出てくる」と 訴えることがあるという。これは「蛆虫」の 知識より「腕から白いものが出てくる」とい う具体的知覚が先行して幻覚が生じている 事実を示している。

　このような事例を踏まえて考えれば、同じ ような表象が複数の怪文書にまたがって登 場していることにも説明がつく。彼らは、深 層に埋め込まれたイメージを幻視している のだ。だから、それを表現する言葉も似 通ってくるのである。

　ただ、それでは説明のつかない例もあ る。潜在的類型では説明できないほど具体 的な固有名詞が表れる妄想についてはどう 説明するのだろうか。

　この疑問については第二の観点から説 明できる。それは、メディアを通じたミーム の伝播である。妄想の内容は外的要因の 影響を受けて変化し、連鎖する性質を持つ のだ。

　20世紀初頭のイギリスでは妖精ブーム が起こっていた。民間伝承で知られる小さ な妖精を「見た」という目撃例が相次いだ。 それは新聞や雑誌で取り沙汰され、かの小 説家コナン・ドイルでさえ、妖精を撮影し

た写真を本物だと断定した。今見ると粗末な加工写真でしかない。しかし、メディアを巻き込んだ熱狂が人々にそれを本物であると誤認させ、結果的に多数の目撃例を作り出した。

　人類が宇宙進出を始める1950年代、妖精の目撃例は激減する。増えたのはUFOの目撃例である。第二次世界大戦や冷戦を経験した大衆には、上空を横切る飛翔体への興味と脅威が植え付けられたのだ。事実を隠す政府への不信のムードも手伝って「宇宙からやってきた知的生命体の乗り物」「政府はそれを知りながら隠蔽している」といったストーリーが創り出され、やがてUFOという強固なミームに育った。

　インターネットのような双方向性メディアでは、ミームの伝染と変異の速度が早い。繋がりあった「被害者」同士がコミュニケーションをとることで妄想が強化・先鋭化する負のサイクルも生じやすい。結果的に、多くの人の精神に妄想の深い根を張ってしまう。

　収録された怪文書群に共通する固有名詞は、インターネットを通じ、培養されたミームの一種だと思われる。本書の存在が悪循環を補強してしまうことを筆者は危惧している。

　野暮と言われようと、改めて繰り返しておこう。ここに掲載されている「怪文書」は、全てフィクションである。なぜこれほどしつ

こく忠告するかといえば、端的に危険だからだ。本書の読者は、こうした妄想は心身が失調していなければ影響しないと感じているかもしれない。しかし、善良なアメリカ人たちが空にUFOの存在を見出したように、条件さえ揃えば認知はたやすく歪む。我々の理性はそこまで信頼できない。むしろ無関係な事象を「合理的」に判断するよう促すのが理性である。怪文書を、合理的に理解するべきではない。娯楽として楽しんでいるつもりでも、本を持つその指先からミームは侵入する。あなたは今、生体標本に素手で触れているのだ。筆者自身、展示を鑑賞したのち暫くして実際に、それを経験している。自宅からほど近いところに掲示板が立っている。町内会の報せなどが張り出されるよくあるもので、ボードはガラス戸で保護されているのだが、掲示物のうち一枚だけが、ガラスの上に直接、べたりと糊のようなもので貼ってあるのに気づいた。一見すると白紙だが小さな文字で何かが書いてあり、近づいて見ると、明朝体で書かれた私の本名だった（以上は、妄想であり、実際には白紙だった）。以来、筆者にもまた、何度も何度も、窓を叩いてきている音がはっきり聴こえている（これも妄想にすぎない）。おそらく、理解したせいであろう。今では、それの色と形がはっきりとわかる（①だったかもしれない）。

あなたも怪文書を書きませんか

怪文書を書くことは簡単なことではありません。でももう大丈夫です。
以下にある五つの質問の答えを考えてみてください。
そして、その答えを上から順番に右面の空間に記入します。
そうすれば、あなただけの怪文書が出来上がります。

(1)あなたの今の気分はいかがですか。下記より選択してください

> 嬉しい／喜ばしい／悲しい／虚しい

(2)夢によく現れる存在を下記より選択してください

> 友人／親／恋人／動物／故人／少し透明の人

(3)子どもの頃大事にしていた人形の名前を記載してください

> 思いつかなければ、右の人形に名前をつけてください

(4)あなたが恐れるものを下記より選択してください

> 虫／寿命／現実／無限

(5)「感謝」という言葉に紐づくと思うものを下記より選択してください

> わたし／出生届／福音／白昼夢／生産者／ヘイフリック限界

※もしよろしければ書いた怪文書を写真に撮りSNSにご投稿ください

テンプレートの
ダウンロードはこちら▶

んにちわ

から (1)　　　話があります

　　　　　　は最近から徐々に

なくなっています

ので (3)

呼ぶべきです、そうすれば

　　　　がどんどん近づきます

れが (5)

して訪れます

関連資料

妖精ともの会　会員ページ

「妖精ともの会」のパンフレットに記載されていた「詳しくはホームページで」という言葉に従い
検索したところ、こちらのWEBページにたどり着きました。

ようこそ！
妖精ともの会の
ホームページへ！

かれらのこえを受け入れてください

あなたは

人目のお客様です

◆妖精ともの会の歴史◆

平9・1　代表により「妖精会」創設
平9・11　会員数が20人を突破
平10・4　「妖精さんの会」と改称
平12・8　会歌制定
平27・5　「妖精ともの会」と改称
令和5・3　渋谷展示会開催
令和5・8　広島展示会開催

↑当時の写真　まだみんな若いですね（笑）

◆こえをお待ちしています◆

あなたの周りにわたしたちサークルのように、思いのまま・ありのままに生きている方はいませんか？
身内にそういった思いやことばを発することの出来る存在がいる方、わたしたちはそんな皆様方の"こえ"をお待ちしています。
「近所にこんな人がいる」「最近、こんな張り紙を見た」そんなおこえがけが、今後すべての方の人生を素晴らしくする一手となるかもしれません。どんな些細なことでも構いませんので、ぜひご一報ください。

どうか、妖精さんの
思いの届く方が
増えますよう——

妖精ともの会 一同

アリシムジャバについて語るスレ

怪文書のひとつに含まれる「アリシムジャバ」という文字を検索し、出てきたポストに投稿されているURLにアクセスしました。

カイカイ

「アリシムジャバについて語るスレ」の中で紹介されているURLを復元しました。

村山歳三のホームページ

「カイカイ」のWEBページのURL「/kaikaibunsho/」を削除することでアクセスできました。

著者紹介

梨

主にインターネットを中心に活動しているホラー作家。

日常に潜む怪異などを取り入れた作風を特徴とする。

「SCP財団」所属、Webメディア「オモコロ」にもホラー短編を投稿。

主な作品に『かわいそ笑』(イースト・プレス)、

『6』(玄光社)、原案『コワい話は≠くだけで。』(KADOKAWA)などがある。

株式会社闇

日本一怖い企業サイトで話題となったホラー制作会社。

「怖いは楽しい」を合言葉にホラー×テクノロジー「ホラテク」で、

新しい恐怖体験をつくりだす。

これまでにお化け屋敷をはじめ、数々のテーマパークや観覧車、映画館、商店街、

ラブホテルでのホラーイベントを企画・プロデュースする。

その怪文書を読みましたか

2023年12月 8日　第1版第1刷発行
2024年11月26日　第1版第6刷発行

著者　　　　　梨×株式会社闇

発行人　　　　森山裕之

発行所　　　　株式会社　太田出版

　　　　　　　160-8571東京都新宿区愛住町22　第3 山田ビル4 階
　　　　　　　電話 03-3359-6262
　　　　　　　Fax 03-3359-0040
　　　　　　　HP https://www.ohtabooks.com

印刷・製本　　株式会社　シナノパブリッシングプレス

寄稿　　　　　品田 遊（ダ・ヴィンチ・恐山）

ブックデザイン　円と球

撮影協力　　　石塚 真　マイラボ渋谷

編集　　　　　原沢麻由

ISBN　978-4-7783-1900-7　C0095
©NASHI/Darkness inc. 2023,Printed in Japan

本当に
本当にありがとうございました。

「謎の姿」のサインに気付いたら‥

「自分は被害者なのに、誰も分かってくれない
そんな風に思っていませんか？

例えば、こんな状態

- ☑ 頭の中に誰かからの攻撃を受けている
- ☑ 自分を尾け回す誰かがいる
- ☑ 家に見知らぬものが届いたり、貼られたりする
- ☑ 夜毎に自分を監視する誰かがいる
- ☑ 以上の内容を誰に話しても真面目に取り合ってもらえない

我々はあなたの味方です
早急に対処することによって、
悩みから解放される日が来ます
あなたに向けられたサインに気付いたら、
迷わず相談窓口にご一報ください

相談窓口はコチラ→